Margot Käßmann

Ganz anders könnten wir leben

Für Andreas –
es bleibt unser gemeinsames Thema …

Margot Käßmann

Ganz anders könnten wir leben

Warum Martin Luther King mein großes Vorbild ist

bene!

Man sollte im Leben an etwas glauben können,
so leidenschaftlich glauben können, dass man ein
Leben lang für diese Überzeugung eintreten kann.[1]

Martin Luther King

Inhalt

I have a dream –
*von der Kraft einer
großen Vision*

Unser gegenwärtiges Leiden und unser gewaltloser Kampf um die Freiheit können der westlichen Zivilisation sehr wohl jene seelischen Antriebskräfte geben, die sie so nötig braucht, wenn sie überleben will. [2]

Martin Luther King

Manchmal im Leben begegnest du einem Menschen, liest ein gutes Buch, hörst zum ersten Mal eine Melodie oder den Text eines Liedes – und es trifft dich mitten ins Herz. Manchmal verändert ein solcher berührender Moment alles. Oder er ist der Ausgangspunkt einer langen Reise, in deren Verlauf dir bewusst wird, worauf es im Leben wirklich ankommt.

So ging es mir, als ich das erste Mal von Martin Luther King hörte. Ich war fasziniert, tief bewegt von seinen Reden und seinem Vorbild. Im Nachhinein weiß ich, dass diese Begegnung mit seinen Gedanken mein eigenes Denken und Handeln tief geprägt hat.

Im Jahr 1974 unternahm ich das erste Mal in meinem Leben eine Flugreise – und dann gleich allein in die USA. Ich war 16 Jahre alt und lebte mit meinen Eltern in Stadtallendorf in der Nähe von Marburg, wo ich zur Schule ging. Am Schwarzen Brett hatte es einen Aushang gegeben, worin ASSIST, eine Organisation, die Stipendien für europäische Schülerinnen und Schüler in amerikanische Internate vermittelt, zu Bewerbungen aufrief. Ich füllte das entsprechende Formular aus, und ein paar Wochen später kam per Post eine Einladung zu einem Vorstellungsgespräch nach Frankfurt – und schließlich die Zusage: Ein Jahr durfte ich an der Hotchkiss School in Lakeville, Connecticut, verbringen. Das war für mich ein riesiger Schritt in eine mir bis dahin völlig unbekannte Welt.

Meine Eltern waren große Verehrer der Vereinigten Staaten, sie wurden von ihnen nach dem Zweiten Weltkrieg in Deutschland als Befreier gesehen. Dort schien die Zukunft zu liegen, ein Land, von dem Menschen träumten! Aber so traumhaft kam es mir nicht vor. Mich haben die Ungerechtigkeit und der Rassismus schockiert, mit denen ich mich in den USA konfrontiert sah. An meiner Gastschule in Lakeville kamen die Kinder reicher Eltern zusammen, die in einer wunderschönen Umgebung beste Bildung erhielten. Sie waren absolut privilegiert. Die Jugendlichen anderer Hautfarbe waren in der Regel ausgeschlossen. Sie mussten hart um ihr Stipendium kämpfen. Wenn sie eines erhielten, dann meist wegen großer sportlicher Leistungen.

Und so fühlten sie sich auch, als Gäste, nicht wirklich dazugehörig. Als Stipendiatin war ich weniger mit den Kindern zahlender Eltern zusammen als mit anderen Stipendiaten – und die waren in der Regel schwarz.

Durch sie hörte ich das erste Mal von Martin Luther King und dem Kampf gegen Rassismus. Als wir zum Schuljahresende unsere Abschlussarbeit schreiben sollten, entschloss ich mich, sie zu nutzen, um mehr über diesen Mann, von dem mir einige erzählt hatten, zu erfahren.

Ab diesem Tag verbrachte ich viel Zeit in der hervorragend ausgestatteten Bibliothek der Schule. Zeitungen konnten wir dort auf Mikrofiche-Bildern einsehen, Reden auf Tonbändern hören und uns auch Texte aus anderen Bibliotheken bestellen. An die Möglichkeiten, die sich uns heute durch Recherchen im Internet bieten, war noch nicht zu denken.

Ich war jedenfalls absolut fasziniert von diesem baptistischen Prediger und Theologen. Bei mir zu Hause hatte Religion eine Rolle gespielt, der Kirchgang war Teil unseres Lebens, die Kirchengemeinde war positiv besetzt. Aber das hier waren vollkommen andere Töne als in unserer Gemeinde in Stadtallendorf. Sie waren emotional, begeisternd, ja revolutionär. Der Mensch kann fromm und politisch zugleich sein, das wurde auf einmal ganz klar für mich. Ja, vielleicht muss gerade ein frommer Mensch besonders politisch sein. Und: Es gibt eine Rhetorik, mit der das Evangelium eindrücklich, bewegend in unsere Zeit übersetzt werden kann.

Martin Luther King wurde am 15. Januar 1929 als zweites von drei Kindern geboren und erlebte eine Kindheit der Geborgenheit in Atlanta, Georgia. Dort war sein Vater Pfarrer der Ebenezer Baptist Church. Als er 15 Jahre alt war, begann er am Morehouse College zu studieren, drei Jahre später wurde er als Pfarrer ordiniert. Anschließend studierte er Theologie am Crozer Seminar in Pennsylvania, wo er sich mit den Überzeugungen des Pazifismus vertraut machte. Am 1. September 1954 trat er eine Pfarrstelle in Montgomery an. Im Jahr darauf wurde ihm in Boston der Titel eines Doktors der Theologie verliehen.

Warum bewegt eine solche Biografie eine junge Schülerin aus Deutschland?

Mir wurde schlagartig klar, dass hier auch ich gefragt war. Denn die Ungerechtigkeit, die ich an meiner Schule und überall im Umfeld erlebte, schrie zum Himmel. Wer genau hinschaute, bemerkte auch die große Armut im Land: Der alte, dunkelhäutige Mann, der an der Supermarktkasse die Lebensmittel in Plastiktüten packte. Die abgearbeitete hispanische Frau, die in der Pizzeria bediente. Wer nicht von weißer Hautfarbe war, wurde als Mensch zweiter Klasse behandelt und hatte kaum eine Chance, sich allein aus dieser Situation zu befreien.

Ins Gespräch kommen konnte ich über diese Eindrücke an meiner Schule kaum. Der Vietnamkrieg ging gerade zu Ende, aber das wurde nicht dankbar gesehen, sondern als Niederlage betrachtet. Als Deutsche fiel mir schwer, das zu verstehen, vielleicht weil meine Generation den 8. Mai 1945 schon lange vor jener berühmten Rede Richard von Weizsäckers als Befreiung angesehen hat.

In den Reden und Schriften Martin Luther Kings habe ich zu all den Fragen, die mich umtrieben, Stellungnahmen gefunden, wie ich sie so eindeutig von meiner Kirche nicht kannte. Leidenschaftlich hat er sich gegen Rassismus und für Gerechtigkeit engagiert. Den Krieg hat er glasklar verurteilt. Ich habe seine Reden auf den Tonbändern in der Bibliothek angehört, habe sie als Texte verschlungen und war begeistert. Die alten biblischen Texte wurden beim Zuhören geradezu lebendig. Als hätten sie lange geschlafen und jemand hauchte ihnen plötzlich Leben ein.

Martin Luther King ließ sie für mich auf ganz neue Weise relevant werden. Ich fand in seinen Texten Antworten auf meine Fragen, die wesentlichen, gesellschaftlich wichtigen Themen unserer Zeit. Dabei habe ich nicht nur die großartige Rhetorik bewundert. Mich hat auch berührt, wie viel Pragmatismus er an den Tag legen konnte. Zu lernen war: Eine große Vision braucht viele kleine Schritte! So wird von ihm nach dem großen, mehr als ein Jahr lang andauernden Streik, bei dem erreicht wurde, dass es keine Rassentrennung mehr in Bussen gab, sehr eindrücklich an das Verhalten der Menschen appelliert: Bleibt höflich und freundlich. Unfassbar!

Martin Luther King wurde mir zum Vorbild, weil er den christlichen Glauben wie sein berühmter Namensvorfahr als befreiende Kraft sah. Mitten in der Welt sollte sich der christliche Glauben bewähren, davon war er überzeugt. Beiden Martin Luthers ging es um einen Glauben, der nicht hinter Kirchenmauern gehört, sondern lebensverändernde Wirkung hat. Das hat mich nachhaltig beeindruckt und geprägt.

Träumerinnen und Visionäre werden ja in der Regel als Spinner betrachtet, naiv und weltfremd. Aber das Beispiel Martin Luther Kings zeigt, dass sie die Welt eben doch verändern können, wenn sie beharrlich bleiben und sich nicht in die Enge treiben lassen durch vermeintlichen Realitätssinn. Der christliche Glaube ist eine gute Grundlage für eine solche Haltung.

Propheten sind meist nicht gern gesehen. Visionen davon, dass Schwerter zu Pflugscharen werden könnten, sie werden belacht. Im Rückblick aber sind es oft genau solche Träume von einer anderen Welt, die etwas verändert haben.

Als ich in die USA kam und das erste Mal von ihm hörte, war Martin Luther King schon sechs Jahre tot. Aber ich habe den Nachhall seines Lebens 25 Jahre später selbst erleben können, als der Ruf »Keine Gewalt« aus den Kirchen von Leipzig, Dresden und Ostberlin auf die Straßen getragen wurde und eine friedliche Revolution in Deutschland ermöglichte.

Heute sage ich euch, meine Freunde, trotz der Schwierigkeiten von heute und morgen habe ich einen Traum. Es ist ein Traum, der tief verwurzelt ist im amerikanischen Traum.

Ich habe einen Traum, dass eines Tages diese Nation sich erheben wird und der wahren Bedeutung ihres Credos gemäß leben wird: »Wir halten diese Wahrheit für selbstverständlich: dass alle Menschen gleich erschaffen sind.« Ich habe einen Traum, dass eines Tages auf den roten Hügeln von Georgia die Söhne früherer Sklaven und die Söhne früherer Sklavenhalter miteinander am Tisch der Brüderlichkeit sitzen können. Ich habe einen Traum, dass sich eines Tages selbst der Staat Mississippi, ein Staat, der in der Hitze der Ungerechtigkeit und Unterdrückung verschmachtet, in eine Oase der Freiheit und Gerechtigkeit verwandelt.

Ich habe einen Traum, dass meine vier kleinen Kinder eines Tages in einer Nation leben werden, in der man sie nicht nach ihrer Hautfarbe, sondern nach ihrem Charakter beurteilen wird. Ich habe einen Traum … Ich habe einen Traum, dass eines Tages in Alabama, mit seinen bösartigen Rassisten, mit einem Gouverneur, von dessen Lippen Worte wie

»Intervention« und »Annullierung der Rassenintegration« triefen ..., dass eines Tages genau dort in Alabama kleine schwarze Jungen und Mädchen die Hände schütteln mit kleinen weißen Jungen und Mädchen als Brüder und Schwestern.[3]

Martin Luther King

Hinweise für integrierte Busse

Dies ist eine historische Woche. Die Rassentrennung in den Bussen ist für verfassungswidrig erklärt worden. In einigen Tagen wird die Verfügung des Obersten Bundesgerichts in Montgomery eintreffen, und ihr werdet dann in integrierten Bussen fahren. Damit wird uns allen die ungeheure Verpflichtung auferlegt, angesichts mancher zu erwartenden Unannehmlichkeiten Ruhe und Würde zu bewahren, wie es sich für gute Bürger und Mitglieder unserer Rasse ziemt. Wenn in Wort oder Tat Gewalt angewendet wird, so wollen nicht wir es sein, die sie anwenden.

Die folgenden Hinweise sollen euch helfen und dienlich sein. Lest sie, studiert sie und lernt sie auswendig, damit unser Entschluss, Gewaltlosigkeit zu üben, nicht gefährdet wird.

Zunächst ein paar allgemeine Hinweise:

1. Nicht alle Weißen sind gegen integrierte Busse. Setzt bei vielen einen guten Willen voraus.
2. Der *ganze* Bus steht jetzt *allen* zur Verfügung. Setzt euch auf einen leeren Platz!
3. Bittet Gott, dass er euch leitet, und nehmt euch, wenn ihr in den Bus steigt, fest vor, in Wort und Tat gewaltlos zu sein.
4. Tragt in allem, was ihr tut, die ruhige Würde zur Schau, die unser Volk in Montgomery auszeichnet.
5. Beachtet stets die einfachen Regeln der Höflichkeit und des Anstands.
6. Denkt daran, dass dies nicht nur für die Neger ein Sieg ist, sondern für ganz Montgomery und den ganzen Süden. Prahlt nicht damit!
7. Bringt so viel Liebe auf, dass ihr Böses hinunterschlucken könnt, und so viel Verständnis, dass aus Feinden Freunde werden.

Jetzt noch einige besondere Hinweise:

1. Der Busfahrer hat die Verantwortung für den Bus und ist angewiesen, dem Gesetz zu gehorchen. Nehmt von vornherein an, dass er bereit ist, euch zu jedem beliebigen Platz zu verhelfen.
2. Setzt euch nicht absichtlich neben eine weiße Person, es sei denn, es wäre kein anderer Platz mehr frei.
3. Wenn ihr euch neben eine Person setzt, sei es eine weiße oder eine farbige, sagt: »Darf ich?«, oder: »Gestatten Sie?« Das gehört sich so.
4. Wenn ihr beschimpft werdet, schimpft nicht wieder. Wenn ihr geschubst werdet, schlagt nicht zurück. Zeigt immer Liebe und guten Willen.
5. Bei Zwischenfällen sprecht so wenig wie möglich und immer in ruhigem Ton. Steht nicht von eurem Sitz auf. Teilt alle ernsthaften Zwischenfälle dem Fahrer mit.
6. Seht zu, dass ihr in den ersten Tagen mit einem Bekannten zusammen fahrt, von dem ihr wisst, dass er auch für Gewaltlosigkeit ist. Ihr könnt euch gegenseitig durch einen Blick oder ein Gebet helfen.

7. Wenn ein anderer Fahrgast belästigt wird, mischt euch nicht ein, sondern betet für seinen Angreifer und kämpft so mit moralischer oder geistlicher Waffe für die Gerechtigkeit.
8. Wenn ihr es könnt, versucht selbst neue, schöpferische Methoden, um zu Versöhnung und sozialen Änderungen beizutragen.
9. Wenn ihr meint, ihr könnt diese Forderungen noch nicht erfüllen, dann geht lieber noch eine oder zwei Wochen zu Fuß. Wir haben Vertrauen zu unserem Volk. Gott segne euch alle![4]

Martin Luther King

Gemeinsam für Gerechtigkeit eintreten

Wenn es überhaupt Menschen gibt, die ständig ihrer Bestimmung und Aufgabe bewusst sein müssen, dann sollten es die Menschen in Berlin, in Ost und West, sein.[5]

Martin Luther King

Dass Martin Luther King eine besondere Beziehung zu Deutschland hatte, habe ich erst viele Jahre später verstanden. Sein Vater, dessen Großvater noch Sklave gewesen war, nahm 1934 am Weltkongress der Baptisten in Berlin teil. Er hatte sich hochgearbeitet vom Hilfsmechaniker einer Autowerkstatt zum Prediger der Ebenezer-Gemeinde in Atlanta. In Deutschland war er so beeindruckt vom Erbe Martin Luthers, dass er selbst dessen Namen annahm und seinen damals fünfjährigen Sohn Michael ebenfalls nach dem Reformator umbenannte. Das mag uns merkwürdig vorkommen. Aber ich denke, hier zeigt bereits der Vater eine Leidenschaft in Glaubensfragen, die sein Sohn eines Tages für alle Welt öffentlich zugänglich machen sollte.

Viele Jahre später, 1964, folgte Martin Luther King jr. einer Einladung von Willy Brandt nach Berlin. Er predigte am 13. September in der Marienkirche, was zunächst nicht geplant und – Ironie der Geschichte – nur möglich war, weil er zwar nicht seinen Pass, aber eine Kreditkarte als Ausweis am Checkpoint Charlie vorzeigen konnte. Das SED-Regime war vom Besuch überrascht, die Nachricht von seinem Erscheinen verbreitete sich schnell, über 1000 Menschen kamen in die Marienkirche.

Menschen, die damals dabei waren, haben mir erzählt, dass sie das ermutigt hat bis ins Jahr 1989, als sie während der hitzigen Diskussionen in den Kirchen und inmitten der Demonstrationen immer wieder klar für Gewaltfreiheit eintraten und so eine friedliche Revolution möglich machten.

Ziviler Ungehorsam, das war Kings Konzept für Erneuerung. Er hat den Finger in die Wunde der Ungerechtigkeit gelegt – in seinem Land.

In Berlin hat er 1964 klar gesagt, er wisse zu wenig über die Situation vor Ort. Aber wo auch immer müsse Unrecht angeprangert werden. So hat er die eigenen Grenzen gesehen, aber auch bislang geltende Begrenzungen mutig überwunden und so andere »ermächtigt«, das Unrecht nicht einfach klaglos hinzunehmen.

Dabei war Martin Luther King nicht nur gesellschaftskritisch, sondern auch kirchenkritisch. Auch da ist er mir Vorbild. Unsere Kirche, deren Teil ich bin, die mein Leben geprägt hat und die ich mit meinen

Möglichkeiten gern mitgestaltet habe, sie droht immer wieder zu erstarren in Bürokratie, Festhalten an Traditionen und manchmal auch an Macht. Sie immer wieder herauszufordern, das ist reformatorisch. Und das hat Martin Luther King glasklar getan.

Der Rassismus prägte in den USA der 1950er-Jahre den Alltag. Es gab getrennte Toiletten, Restaurants, Busse und auch Kirchen. In den Südstaaten gab es immer wieder Fälle von Lynchjustiz. In Bussen machten sich die Fahrer oft einen Spaß daraus, die schwarzen Fahrgäste vorn bezahlen zu lassen und dann abzufahren, bevor sie hinten einsteigen konnten. Die rassistische Praxis hatte schon lange für Unmut gesorgt.

Manchmal ist es ein kleiner Punkt, der ein Fass zum Überlaufen bringt. Am 1. Dezember 1955 war es so weit. Rosa Parks weigerte sich in Montgomery, im Bus ihren Sitzplatz für einen weißen Fahrgast zu räumen, und wurde deswegen verhaftet. Daraufhin organisierte der »Women's Political Council« für den 5. Dezember einen eintägigen Boykott der öffentlichen Busse. Daraus entstand, auch unter Beteiligung von Martin Luther King, dem örtlichen Pfarrer, eine langfristige Fortsetzung des Boykotts. Er dauerte am Ende mehr als ein Jahr, 381 Tage. Dann hob der Oberste Gerichtshof am 20. Dezember 1956 die Rassentrennung in den Bussen auf und beendete so den Konflikt.

Ich finde das bis heute imponierend. Es gab eine große Solidarität unter der Bevölkerung, die von vielen große Opfer verlangte. Es war nicht einfach, sich ohne Busse in der weitläufigen Stadt fortzubewegen. Manche waren stundenlang unterwegs.

Kreative Formen des gewaltfreien Widerstands entwickelten sich. Rosa Parks wurde unvermittelt zur Initiatorin, Martin Luther King mit seinen rhetorischen Gaben zum Sprachführer, alle anderen zu unverzichtbaren Menschen, die mit ihrer Haltung Gerechtigkeit durchgesetzt haben.

Für mich heißt das heute: Gerechtigkeit herrscht dort, wo alle Menschen, egal welcher ethnischen oder sozialen Herkunft, die gleichen Rechte haben. Sie haben ein Recht auf Bildung, auf Teilhabe, auf Anerkennung und auf Beteiligung.

Schon in der Bibel ist Gerechtigkeit immer auch eine Beziehungsfrage. Dort, wo Gerechtigkeit einzieht, finden Menschen neu zueinander.

Der Egomanie unserer Zeit können wir etwas entgegensetzen durch gemeinsame Aktionen, denn zusammen zu handeln ermutigt alle je einzeln.

Eine Politikprofessorin sprach kürzlich davon, dass wir in Deutschland eine »postmigrantische« Definition unserer Identität brauchen. Das hat mich sehr angesprochen. Denn es bedeutet, dass uninteressant ist, woher jemand stammt, aber wichtig ist, ob wir gleiche Ziele teilen.

Gerechtigkeit bedeutet auch, dass wir über Grenzen schauen. Es geht um unser Land, aber es geht auch um unsere Welt! Christsein definiert sich nicht entlang nationaler Grenzen. So wie Martin Luther King nach Deutschland kam und sich die deutschen Sorgen angeschaut hat, so sind die Sorgen unserer Glaubensgeschwister in Tansania und Brasilien, in Indien und Bangladesch auch unsere Sorgen.

In einer globalisierten Welt haben wir als Christinnen und Christen den großen Vorteil, dass wir Geschichten teilen, nämlich die der Bibel. Wir haben eine gemeinsame Narration, die nicht einteilt nach Herkunft oder Land, sondern verbindet – über Grenzen hinweg.

Ja, wir könnten ganz anders leben: solidarisch, aufeinander bezogen. Und genauso haben wir einer Welt, die Geld und Besitz, Konsum und Abgrenzung predigt, ein lebendiges Zeugnis entgegenzusetzen.

Lebendig erfahrbar wurde das übrigens beim Kirchentag in München 1993. Coretta Scott King, die Witwe Martin Luther Kings, sprach beim Forum Gewaltfreiheit. »Mit Martin Luther King weitergehen« stand als Motto über dem Tag, einer Gedenkveranstaltung, 25 Jahre nach dem Attentat in Memphis, Tennessee, am 4. April 1968. Wie sehr Martin Luther King die Menschen noch immer bewegte, war damals zu erleben.

Wir leben in einer revolutionären Zeit. Auf der ganzen Erde erheben sich die Menschen gegen die alten Systeme der Ausbeutung und Unterdrückung. Und aus dem Schoß einer gebrechlichen Welt erwachsen neue Systeme der Gerechtigkeit und der Gleichheit. Die barfüßigen und hemdlosen Bauernmassen der Dritten Welt erheben sich, wie sie es nie zuvor getan haben. »Das Volk, das in der Finsternis sitzt, sieht ein großes Licht.« Wir im Westen müssen diese Revolutionen unterstützen. Es ist eine traurige Tatsache, dass die westlichen Nationen, die den revolutionären Geist der modernen Welt recht eigentlich begründeten, aus Bequemlichkeit, Gleichgültigkeit, krankhafter Angst vor dem Kommunismus und der Neigung, Ungerechtigkeiten als unvermeidlich hinzunehmen, nun zu Erz-Antirevolutionären geworden sind. Aus dieser Entwicklung schließen viele, dass nur der Marxismus revolutionären Geist hat. Der Kommunismus ist deshalb ein Gericht über unser Versagen, eine wirkliche Demokratie zu schaffen und die revolutionäre Entwicklung voranzutreiben, die wir begründeten. Unsere einzige Hoffnung besteht heute darin, dass wir von diesem revolutionären Geist wieder ergriffen werden und in eine oft feindselige Welt hinausgehen, um der Armut, dem Rassismus und dem Militarismus den Kampf anzusagen.

Wenn wir uns auf diese Weise engagieren, können wir kühn den Status quo und die falsche Moral, auf der er beruht, in Frage stellen und dadurch die Ankunft des Tages beschleunigen, an dem »jedes Tal erhöht und jeder Hügel und Berg erniedrigt, das Gekrümmte zur Ebene und die Höhen zum Talgrund werden«.

Eine echte Revolution der Werte meint in letzter Konsequenz, dass unsere Treueverpflichtungen weltweit werden müssen, nicht regional beschränkt bleiben dürfen. Jede Nation muss jetzt eine sich über alle Schranken hinwegsetzende Verpflichtung gegenüber der Menschheit als Ganzer entwickeln, um die optimalen Möglichkeiten in ihrem eigenen Bereich bewahren zu können. Dieser Ruf zu einer weltweiten Gemeinschaft, der die Sorge für den Nachbarn über die Rassen-, Klassen- und Nationalzugehörigkeit hinaushebt, ist in Wirklichkeit der Ruf nach einer allumfassenden und bedingungslosen Liebe für alle Menschen. Dieser so oft missverstandene und falsch ausgelegte Gedanke, von den Nietzsches überall in dieser Welt schnell als eine schwächliche und feige Sache abgetan, ist jetzt zur unerlässlichen Bedingung für das Überleben der Menschheit geworden. Denn wenn ich von Liebe spreche, so spreche ich nicht von einer sentimentalen und schwachen Gefühlserwiderung. Ich spreche von jener Kraft, die alle großen Religionen als das alle Trennungen überwindende Grundprinzip des Lebens angesehen haben. Man kann sagen, dass Liebe der Schlüssel ist, der die Tür zur letzten Wirklichkeit aufschließt. Dieser von Hindus, Moslems, Christen, Juden und Buddhisten geteilte Glaube an eine letzte Einheit der Wirklichkeit hat im ersten Johannesbrief seinen klassischen Ausdruck gefunden: »Geliebte, lasset einander lieben, denn die Liebe ist aus Gott, und jeder, der liebt, ist aus Gott gezeugt und erkennt Gott. Wer nicht liebt, hat Gott nicht erkannt, denn Gott ist Liebe ... Wenn wir einander lieben, bleibt Gott in uns, und seine Liebe ist in uns vollendet.«[6]

Auszüge aus der Ansprache von Martin Luther King in der Riverside Church in New York City am 4. April 1967

Wer zur Kirche ging, um das Brot wirtschaftlicher Gerechtigkeit zu empfangen, wurde in der bitteren Mitternacht wirtschaftlichen Mangels gelassen. In vielen Fällen hat sich die Kirche mit den wohlhabenden Klassen verbündet und die bestehenden Verhältnisse verteidigt, ohne auf das Klopfen um Mitternacht zu hören. Die griechisch-orthodoxe in Russland verband sich so sehr mit dem despotischen Zarenregime, dass es unmöglich wurde, sich des korrupten politischen und sozialen Systems zu entledigen, ohne zugleich auch die Kirche abzuschütteln. Das ist das Schicksal jeder kirchlichen Vereinigung, die sich mit dem Wie-es-nun-einmal-Ist zufriedengibt.

Die Kirche muss daran erinnert werden, dass sie weder Herr noch Diener, wohl aber das Gewissen des Staates ist. Sie muss Wegweiser und Kritiker des Staates sein, niemals sein Werkzeug. Wenn die Kirche ihren prophetischen Eifer nicht zurückgewinnt, wird sie zu einem gesellschaftlichen Klub ohne moralische und geistliche Autorität. Beteiligt sie sich nicht aktiv am Kampf um Frieden und wirtschaftliche Gerechtigkeit, so wird sie die Anhängerschaft von Millionen von Menschen verlieren. Überall wird man ihr nachsagen, dass ihr Wille verkrüppelt ist. Befreit die Kirche sich aber von den Fesseln des Bisherigen, übernimmt sie wieder ihre historische Mission, predigt sie furchtlos und beharrlich Frieden und Gerechtigkeit, so wird sie das geistliche Feuer der Menschen neu anfachen, ihre Seelen neu beleben und ihnen eine glühende Liebe eingeben zur Wahrheit, zur Gerechtigkeit und zum Frieden. Fern und nah werden dann die Menschen wissen, dass die Kirche eine große Gemeinschaft der Liebe ist, die dem einsamen Wanderer um Mitternacht Licht und Brot gibt.[7]

Gewalt ist keine Lösung

Kein anderes Gebot Jesu ist wohl so schwer zu
befolgen wie der Befehl: »Liebet eure Feinde!«[8]

Martin Luther King

Das Thema Krieg hat in meiner Kindheit eine große Rolle gespielt. Meine Eltern hatten hautnah erlebt, was Krieg bedeutet. Mein Vater war von seinem 19. bis zum 25. Lebensjahr Soldat. Der Verlust der Heimat in Hinterpommern hat die Familie mütterlicherseits geprägt. »Nie wieder Krieg!«, das war ein Cantus firmus bei uns zu Hause.

Der Vietnamkrieg hat mich deshalb schockiert. Die Bilder der von Napalmbomben gezeichneten Kinder standen aller Welt vor Augen. Als dieser Krieg am 1. Mai 1975 endlich offiziell beendet wurde, war ich noch in den USA und hatte in den Diskussionen erlebt, dass viele Amerikaner es als Schande ansahen, einen Krieg »verloren« zu haben.

Umso mehr überzeugte mich Martin Luther King. Er hatte schon seit 1965 für Verhandlungen plädiert und wurde Sprecher der Antikriegsbewegung. Er vertrat konsequent die Auffassung, dass sich Konflikte gewaltfrei lösen lassen – in Familien, in der Gesellschaft, zwischen Nationen. Die Menschen könnten Gewaltlosigkeit lernen, davon war er überzeugt.

Er vertraute auf die Kraft der Liebe, ganz im Sinne Jesu. Auch bei diesem Thema brachte er die alten biblischen Texte in seinen Ansprachen ganz aktuell zum Klingen. Mich hat das begeistert und immer wieder ermutigt, selbst diesen Standpunkt zu vertreten. Dass die Worte Jesu von der Feindesliebe eine ungeheure Wirkung entfalten können, erlebe ich auch heute. Sie werden belacht, sie regen Menschen auf, sie erzeugen Widerspruch – aber sie lassen uns nicht kalt.

Martin Luther Kings pazifistische Überzeugung gründete zuallererst in seinem christlichen Glauben. Aber sie entwickelte sich auch erst nach und nach. Als er zum Sprecher der Montgomery-Bewegung gewählt wurde, hatte er zunächst noch bewaffnete Wächter vor seinem Haus und beantragte sogar einen Waffenschein.[9]

Aber in ihm wuchs nach und nach die Überzeugung, dass nur eine Haltung der Gewaltlosigkeit die Bewegung gegen den Rassismus glaubwürdig machen könne. Er verband seine christlichen Überzeugungen mit den Ideen Mahatma Gandhis, der ihn tief beeinflusste.

Jedoch teilten nicht alle in der Bewegung den Pazifismus von Martin Luther King. So brutal war die Unterdrückung, dass vielen Gewalt als der einzige Weg des Widerstandes erschien. Zum anderen sahen viele Pazifismus als Passivität an. Martin Luther King aber suchte kreative Formen des zivilen Ungehorsams. Und die waren wirksam, beispielsweise der berühmte »Marsch auf Washington«, am 28. August 1963, an dem sich mehr als 250 000 Menschen beteiligten. Hier hielt King seine berühmteste Rede »I have a dream« — eine Passage, die er erst ganz zum Schluss in sein Redemanuskript einfügte.

Mich hat beeindruckt, dass Martin Luther King die Kraft hatte, zu seiner pazifistischen Grundüberzeugung zu stehen und sie gegen alle Widerstände durchzuhalten. Beispielsweise auch in Birmingham, als am 15. September 1963 eine Bombe in der Sonntagsschule einer baptistischen Kirche explodierte, vier kleine schwarze Mädchen tötete und 21 weitere Kinder verletzte. Der Ku-Klux-Klan zeigte sich stolz auf diese Tat — das erinnert heute an den IS, der sich mit Attentaten brüstet, bei denen Kinder sterben.

Muss in solchen Zeiten nicht Gewalt die Antwort sein? Das ist die Frage – damals wie heute.

Martin Luther King hielt eine bewegende Traueransprache für die Kinder, aber er ließ sich nicht verführen, Gewalt zu befürworten.

Immer wieder bin auch ich mit der Frage konfrontiert worden, ob nicht angesichts dieses Terrorattentats oder jener humanitären Katastrophe Gewalt die allein mögliche Antwort sei. Ob nicht alles andere lächerlich und naiv oder beides sei. Für diese Haltung wurde ich belächelt oder verhöhnt. Mich hat getröstet, dass Martin Luther King – wie im Übrigen alle anderen Pazifisten, sei es Gandhi, sei es Bertha von Suttner – ebensolchen Spott über sich ergehen lassen musste.

Vorbild war und bleibt mir Martin Luther King auch, weil er sich nicht zurückdrängen ließ. »Weil ich Prediger aus Berufung bin ...«[10], so begründet er sein Engagement gegen den Vietnamkrieg. Im gleichen Vortrag weist er Anfragen zurück, wie er sich denn in diesen Krieg einmischen könne. In seiner Rolle als Bürgerrechtler wurde er durchaus ernst genommen, aber ihm wurde das Recht abgesprochen, über den Vietnamkrieg zu sprechen. Was weiß schon ein Pfarrer vom Krieg?

Doch für ihn lagen die Zusammenhänge auf der Hand. In Vietnam kämpfen junge schwarze Soldaten für eine Freiheit, die sie zu Hause gar nicht hatten. Sie zerstörten die Häuser von Menschen, die von den USA ebenso unterdrückt wurden wie sie selbst. Und die Gelder, die in den Krieg flossen, wurden den Armen im eigenen Land als Hilfe verweigert.

Gerechtigkeit und Frieden, sie sind unmittelbar miteinander verknüpft. Das ist mir persönlich im Konziliaren Prozess für Gerechtigkeit, Frieden und die Bewahrung der Schöpfung klar geworden, für den ich mich jahrelang engagiert habe.

Das Folgeprogramm im Ökumenischen Rat der Kirchen war die »Dekade zur Überwindung von Gewalt«. Zehn Jahre lang haben wir versucht, in den Kirchen der Welt dafür zu werben, dass sie sich glasklar dafür einsetzen, Gewalt als Mittel der Konfliktbewältigung abzulehnen.

Auf der Abschlussveranstaltung in Kingston, Jamaika, im Mai 2011 war auch Martin Luther Kings

Sohn Martin Luther King III auf einem Podium beteiligt. Mich hat das sehr berührt. Er hat ein schweres Erbe, das Charisma des Vaters ist ihm nicht gegeben. Aber die Themen werden in seiner Familie weitergetragen, von Generation zu Generation. Die Herausforderungen bleiben – und die Hoffnung, sie zu bewältigen, eben auch. Sie kann nicht einfach durch eine Kugel beseitigt werden ...

Zuerst muss betont werden, dass gewaltloser Widerstand keine Methode für Feiglinge ist. Es wird Widerstand geleistet. Wenn jemand diese Methode anwendet, weil er Angst hat oder nur weil ihm die Werkzeuge zur Gewaltanwendung fehlen, so handelt er in Wirklichkeit nicht gewaltlos. Aus diesem Grunde hat Gandhi oft gesagt, man solle, wenn man nur die Wahl zwischen Feigheit und Gewalt hat, lieber kämpfen. Er wusste, dass es immer noch eine andere Möglichkeit gibt: Weder eine Einzelperson noch eine Gruppe von Menschen braucht sich einem Unrecht zu unterwerfen oder Gewalt anzuwenden, um sich wieder Recht zu verschaffen; denn es gibt den Weg des gewaltlosen Widerstands. Das ist letzten Endes der Weg des Starken. Es ist keine Methode träger Passivität. Der Ausdruck »passiver Widerstand« erweckt oft den falschen Eindruck, dass das eine Methode des Nichtstuns sei, bei der derjenige, der Widerstand leistet, ruhig und passiv das Böse hinnimmt. Aber nichts ist weiter von der Wahrheit entfernt. Denn der Anhänger des gewaltlosen Widerstands ist nur insofern passiv, als er seinen Gegner nicht physisch angreift; sein Geist und seine Gefühle aber sind immer aktiv. Sie versuchen ständig den Gegner zu überzeugen, dass er im Unrecht ist. Die Methode ist körperlich passiv, aber geistig stark aktiv. Es ist keine Widerstandslosigkeit gegenüber dem Bösen, sondern aktiver gewaltloser Widerstand gegen das Böse.

Ein anderer charakteristischer Zug des gewaltlosen Widerstandes ist der, dass er den Gegner nicht vernichten oder demütigen, sondern seine Freundschaft und sein Verständnis gewinnen will. Wer gewaltlosen Widerstand leistet, muss oft durch Boykotte oder dadurch, dass er seine Mitarbeit versagt, protestieren. Aber er weiß, das diese Mittel nicht Selbstzweck sind. Sie sollen beim Gegner nur ein Gefühl der Scham wecken. Der Zweck ist Wiedergutmachung und Aussöhnung. Die Furcht des gewaltlosen Widerstands ist eine neue innige Gemeinschaft, während die Folge der Gewalttätigkeit tragische Verbitterung ist.

Ein drittes Charakteristikum dieser Methode ist, dass ihr Angriff gegen die Mächte des Bösen gerichtet ist, nicht gegen Personen, die das Böse tun. Der Anhänger des gewaltlosen Widerstandes will das Böse vernichten, nicht die Menschen, die dem Bösen verfallen sind.

Wenn er sich gegen Rassendiskriminierung auflehnt, so tut er es in der Erkenntnis, dass die eigentliche Spannung nicht zwischen den Rassen besteht. Ich sage es den Leuten in Montgomery gern so: »Die Spannung in dieser Stadt besteht nicht zwischen den Weißen und Negern. Sie besteht im Grunde genommen zwischen Gerechtigkeit und Ungerechtigkeit, zwischen den Mächten des Lichts und den Mächten der Finsternis. Und wenn hier ein Sieg errungen ist, wird es nicht nur ein Sieg für 50000 Neger sein, sondern ein Sieg für die Gerechtigkeit und die Mächte des Lichts. Wir wollen die Ungerechtigkeit vernichten und nicht weiße Menschen, die ungerecht sind.«

Ein vierter charakteristischer Zug des gewaltlosen Widerstandes ist die Bereitschaft, Demütigungen zu erdulden, ohne sich zu rächen, und Schläge hinzunehmen, ohne zurückzuschlagen. »Vielleicht müssen Ströme von Blut fließen, ehe wir unsere Freiheit gewinnen, aber es muss unser Blut sein«, sagte Gandhi zu seinen Landsleuten. Der Anhänger des gewaltlosen Widerstandes ist bereit, wenn es sein muss, Gewalttätigkeiten hinzunehmen; aber er wird sie anderen niemals zufügen. Er versucht nicht, einer Verhaftung aus dem Wege zu gehen. Wenn er ins Gefängnis muss, geht er hinein »wie ein Bräutigam in die Kammer der Braut«.

Man könnte nun fragen: Mit welchem Recht fordert der Anhänger des gewaltlosen Widerstandes die Menschen auf, eine so schwere Prüfung auf sich zu nehmen? Mit welchem Recht wendet er die alte Lehre vom Die-andere-Wange-Hinreichen auf die politischen Massen an? Die Antwort ist: Er hat erkannt, dass unverdientes Leiden erlöst. Im Leiden liegt eine gewaltige erzieherische und umwandelnde Kraft. Gandhi sagt: »Alles, was von fundamentaler Bedeutung für ein Volk ist, lässt sich nicht durch Vernunft allein erreichen, es muss durch Leiden erkauft werden. Leiden ist eine unendlich viel stärkere Macht als das Gesetz des Dschungels. Es kann den Gegner umwandeln und ihm die Ohren öffnen, die sonst der Stimme der Vernunft verschlossen sind.«

Fünftens lässt sich der Anhänger des gewaltlosen Widerstandes weder äußerlich noch innerlich zur Gewalttätigkeit hinreißen. Er weigert sich nicht nur, seinen Gegner niederzuschießen, sondern auch, ihn zu hassen. Im Mittelpunkt der Lehre vom gewaltlosen Widerstand steht das Gebot der Liebe. Der Anhänger des gewaltlosen Widerstandes kämpft darum, dass die unterdrückten Völker der Welt in ihrem Ringen um Menschenwürde nicht verbittert werden oder sich in Hassfeldzügen ergehen. Mit gleicher Münze vergelten würde den Hass in der Welt nur vermehren. Jeder müsste Verstand und Moral genug haben, um die Kette des Hasses zu zerreißen. Das kann nur geschehen, wenn wir die Liebe zum Mittelpunkt unseres Lebens machen.

Wenn wir an dieser Stelle von der Liebe sprechen, meinen wir damit nicht irgendein sentimentales oder zärtliches Gefühl. Es wäre Unsinn, wenn wir die Menschen auffordern wollten, ihre Unterdrücker zärtlich zu lieben. Mit Liebe meinen wir in unserem Falle Verstehen, guten Willen, der erlösende Kraft hat. Hier kommt uns die griechische Sprache zur Hilfe. Es gibt im griechischen Neuen Testament drei Worte für Liebe. Erstens das Wort »eros«. In Platons Philosophie bedeutet »eros« das Verlangen der Seele nach dem Bereich des Göttlichen. Heute verstehen wir darunter eine Art ästhetischer oder romantischer Liebe. Das zweite Wort ist »philia«, das innige Zuneigung zwischen zwei Freunden bedeutet. Philia kennzeichnet eine auf Gegenseitigkeit beruhende Liebe. Man liebt, weil man geliebt wird.

Wenn wir von einer Liebe zu denen sprechen, die uns feindlich gegenüberstehen, benutzen wir weder das Wort »eros« noch das Wort »philia«, sondern das griechische Wort »agape«.

Agape bedeutet verstehender, erlösender guter Wille allen Menschen gegenüber. Sie ist eine überströmende Liebe, die völlig freiwillig, unmotiviert, grundlos und schöpferisch ist. Sie wird nicht durch irgendeine gute Eigenschaft oder Leistung ihres Objekts ausgelöst. Sie ist die Liebe Gottes, die im Herzen des Menschen wirkt.

Agape ist eine uneigennützige Liebe, in der der Mensch nicht sein Bestes sucht, sondern »was des andern ist« (1 Kor. 10,24). Sie macht keinen Unterschied zwischen würdigen und unwürdigen Menschen oder zwischen irgendwelchen Eigenschaften, die die Menschen besitzen. Sie liebt die andern um ihretwillen und sieht in jedem Menschen, dem sie begegnet, den Nächsten. Daher macht sie auch keinen Unterschied zwischen Freund und Feind. Sie wendet sich beiden zu. Wer einen Menschen nur seiner Freundlichkeit wegen liebt, liebt ihn mehr um des Vorteils willen, den er aus der Freundschaft zieht, als um seinetwillen. Wenn wir also sicher sein wollen, dass unsere Liebe uneigennützig ist, müssen wir den Nächsten lieben, der unser Feind ist und von dem wir nichts Gutes, sondern nur Feindseligkeit und Verfolgung erwarten können.

Ein anderer Grundzug der Agape ist, dass sie aus dem dringenden Verlangen des anderen entspringt – seinem Verlangen, zu den Besten der menschlichen Familie zu gehören. Der Samariter, der dem Juden auf der Straße nach Jericho half, war »gut«, weil er auf die menschliche Not reagierte, der er begegnete. Gottes Liebe ist ewig und versagt nicht, weil der Mensch sie braucht. Paulus versichert uns, dass »wir mit Gott versöhnt sind durch den Tod seines Sohnes, als wir noch Feinde waren« – das heißt zu der Zeit, als wir die Liebe am meisten brauchten. Da der Charakter des weißen Menschen durch die Segregation sehr entstellt ist und seine Seele sehr gelitten hat, braucht er die Liebe des Negers. Der Neger muss den Weißen lieben, damit dessen Spannungen, Unsicherheiten und Ängste beseitigt werden.

Agape ist keine schwache, passive Liebe. Sie ist eine tätige Liebe, eine Liebe, die danach trachtet, Gemeinschaft zu schaffen und zu erhalten, auch wenn man sie zerstören will. Sie ist bereit, Opfer zu bringen und alles zu tun, um die Gemeinschaft wiederherzustellen. Sie bleibt deshalb nicht bei der ersten Meile stehen, sondern sie geht die zweite Meile. Sie ist bereit, nicht siebenmal, sondern siebenzigmal siebenmal zu vergeben. Das Kreuz ist das ewige Zeichen dafür, wie weit Gott gehen will, um eine zerbrochene Gemeinschaft wiederherzustellen. Die Auferstehung ist ein Symbol des Sieges Gottes über all die Mächte, die die Gemeinschaft zu verhindern suchen. Der Heilige Geist ist im Verlauf der Geschichte die Realität, die ständig Gemeinschaft schafft. Wer gegen die Gemeinschaft handelt, handelt gegen die ganze Schöpfung. Wenn ich daher Hass mit Hass begegne, vergrößere ich nur die Kluft in der zerbrochenen Gemeinschaft. Ich kann diese Kluft nur so schließen, dass ich Hass mit Liebe begegne. Wenn ich Hass mit Hass begegne, werde ich entpersönlicht, weil sich meine Persönlichkeit nach dem Schöpfungswillen Gottes nur innerhalb der Gemeinschaft entwickeln kann. Booker T. Washington hatte recht, wenn er sagte: »Lass dich von niemandem so weit hinreißen, dass du ihn hasst.«

Sonst bringt er dich dahin, dass du gegen die Gemeinschaft handelst, dass du dich gegen die Schöpfung auflehnst und dadurch entpersönlicht wirst.

Und schließlich bedeutet »agape« Anerkennung der Tatsache, dass alles Leben in Beziehung zueinander steht. Die ganze Menschheit ist in einen einzigen Prozess verwickelt, und alle Menschen sind Brüder. In dem Maße, wie ich meinem Bruder schade, ganz gleich, was er mir antut, in dem Maße schade ich mir selbst. Die Weißen lehnen zum Beispiel oft eine finanzielle Unterstützung des Schulwesens aus Bundesmitteln ab, um den Negern nicht ihr Recht geben zu müssen. Da aber alle Menschen Brüder sind, können sie Negerkindern nichts verweigern, ohne ihren eigenen Kindern zu schaden. Entgegen all ihren Anstrengungen schaden sie sich schließlich selbst. Warum ist das so? Weil alle Menschen Brüder sind. Wenn du mir schadest, schadest du dir selbst. Liebe, Agape, ist das einzige Band das diese zerrissene Gemeinschaft zusammenhalten kann. Wenn mir geboten ist zu lieben, ist mir geboten, die Gemeinschaft wiederherzustellen, der Ungerechtigkeit zu widerstehen und meinen Brüdern zu helfen.

Sechstens gründet sich der gewaltlose Widerstand

auf die Überzeugung, dass das Universum auf der Seite der Gerechtigkeit steht. Infolgedessen hat der, der an Gewaltlosigkeit glaubt, einen tiefen Glauben an die Zukunft. Dieser Glaube ist ein weiterer Grund, warum der Anhänger des gewaltlosen Widerstandes Leiden ertragen kann, ohne wiederzuvergelten. Denn er weiß, dass er in seinem Kampf für die Gerechtigkeit den Kosmos auf seiner Seite hat. Es ist wahr, dass es eifrige Anhänger der Gewaltlosigkeit gibt, denen es schwerfällt, an einen persönlichen Gott zu glauben. Aber selbst diese glauben an die Existenz irgendeiner schöpferischen Kraft, die für das universale Ganze wirkt. Ob wir sie nun einen unbewussten Prozess, einen unpersönlichen Brahma oder ein persönliches Wesen von unvergleichlicher Macht und unendlicher Liebe nennen – es gibt eine schöpferische Kraft in diesem Weltall, die am Werk ist, die getrennten Erscheinungen der Wirklichkeit zu einem harmonischen Ganzen zusammenzufügen.[11]

Martin Luther King

Entschlossen leben –
den Weg zu Ende gehen

Die meisten Menschen fürchten nichts so sehr, als eine Stellung zu beziehen, die sich klar von der vorherrschenden Meinung unterscheidet.[12]

Martin Luther King

Als ich 2010 fünf Monate als Gastprofessorin an der Emory University in Atlanta, Georgia, tätig war, hatte ich viel Zeit, den Spuren Martin Luther Kings nachzugehen. Ich habe das »Memorial« besucht, ein Museum auf einem Gelände, auf dem sich auch die Gräber von Martin Luther King und seiner Frau Coretta Scott King befinden. Dort gibt es eine interessante Ausstellung zu seinem Leben, aber auch über den Kampf gegen den Rassismus insgesamt. Sehr bescheiden kommt das alles daher, vermutlich wäre genau das in seinem Sinne gewesen. Nur habe ich die Befürchtung, dass weder das Mehrheitsamerika von heute noch die Kirche unserer Zeit seinen Geist wirklich präsent sein lassen wollen. Denn Martin Luther King war stets einer, der mit seinen Forderungen angeeckt ist – auch da war er seinem Namensgeber ähnlich. King war ein Mann, der sich nicht den Gegebenheiten anpassen wollte. Einer, der seinem Traum gefolgt und seinen Weg zu Ende gegangen ist. In Amerika weht heute an vielen Orten ein ganz anderer Wind. Manche versuchen, die Zeit zurückzudrehen und in der Gesellschaft lange erkämpfte Errungenschaften einander wieder abzusprechen.

Bei einem Vortrag, den ich im Morehouse College halten durfte, habe ich etwas von der Begeisterung der jungen Leute spüren können, die sich heute für andere engagieren wollen. Das Thema Rassismus, die Notwendigkeit von Bildung gerade für Jugendliche aus afroamerikanischen Familien war unter ihnen sehr präsent.

Und mehrfach habe ich Gottesdienste der Ebenezer Baptist Church besucht. Eine größere, neue Kirche steht heute neben der noch erhaltenen, in der Martin Luther King selbst predigte. Mir waren die Töne etwas zu evangelikal, muss ich sagen. Die Anwesenden wurden massiv bedrängt, den Ruf Jesu zu spüren und jetzt und hier nach vorn zu kommen und zu bezeugen, dass der Geist Gottes sie ergriffen hatte. Sehr politisch waren die Aussagen nicht.

Es ist ja klar, eine Person wie Martin Luther King wird auch immer wieder vereinnahmt. Ich habe erlebt, wie bei der Eröffnung des Reformationsjubiläumsjahres in Berlin 2016 Martin Luther King als Vorbild benannt wurde und die Vertreterinnen und Vertreter der baptistischen Kirchen zu Recht monierten, dass nicht einmal erwähnt worden sei, dass er Baptist war. Dieses Schicksal teilt Martin Luther King mit anderen öffentlichen Personen: Wo es passt, wird eine solche Figur schlicht vereinnahmt. Wo es unbequem erscheint, wird sie ignoriert.

Martin Luther King hatte schon zu Lebzeiten etliche Niederlagen hinzunehmen. Proteste in Albany 1961/62 etwa waren wenig erfolgreich. Am 12. April 1963 wurde King mit anderen Aktivisten verhaftet und im Gefängnis misshandelt. Immer wieder wurden Bürgerrechtler durch weiße Rassisten ermordet. Morddrohungen gegen King nahmen zu, das FBI versuchte, ihn zu erpressen.

Aber es gab auch Anerkennung. Der »Marsch auf Washington« am 19. Juni 1963 wurde zu einem riesigen Erfolg, obwohl Präsident Kennedy im Vorfeld Martin Luther King abgeraten hatte, ihn durchzuführen.

1963 kürte ihn das *Time*-Magazin zum »Mann des Jahres«. 1964 erhielt er in Stockholm den Friedensnobelpreis. Nach dem »Marsch auf Selma« im März 1965 verabschiedete der Kongress den »Voting

Rights Act«, der Diskriminierung bei Wahlen unterbinden sollte. Präsident Johnson unterzeichnete das entsprechende Gesetz im Beisein Kings am 6. August 1965.

Martin Luther King besaß eine große rhetorische Stärke, und er hat oft durch seinen elementaren Glauben überzeugt. All die wissenschaftliche Theologie war nicht so durchdringend wie seine Überzeugungskraft, seine Begeisterungsfähigkeit, die Geistkraft, die in ihm wirkte.

Die Rede am Tag vor seiner Ermordung in Memphis ist neben der Rede beim Marsch auf Washington wohl die bewegendste.

Ich hatte nie die Absicht, mich an die Übel der Rassentrennung und -diskriminierung anzupassen. Ich hatte nie die Absicht, mich an religiöse Frömmelei anzupassen. Ich hatte nie die Absicht, mich an wirtschaftliche Verhältnisse anzupassen, in denen vielen das Notwendigste vorenthalten wird, um wenigen Luxus zu ermöglichen. Ich hatte nie die Absicht, mich an den Irrsinn des Militarismus und die selbstzerstörerische Wirkung physischer Gewalt anzupassen. Und ich rufe alle Menschen guten Willens auf, nicht angepasst zu sein, weil es sehr wohl sein könnte, dass die Rettung unserer Welt in den Händen der Nicht-Angepassten liegt.

Deshalb lasst uns nicht angepasst sein, so nicht angepasst wie der Prophet Amos, der inmitten des Unrechts seiner Zeit ausrufen konnte – in Worten, deren Echo durch Jahrhunderte geht –: »Es ströme aber das Recht wie Wasser und die Gerechtigkeit wie ein nie versiegender Bach.« Lasst uns so nicht angepasst sein wie Abraham Lincoln, der den Weitblick hatte zu sehen, dass diese Nation nicht halb versklavt und halb frei sein konnte. Lasst uns so nicht angepasst sein wie Jesus von Nazareth, der in die Augen der Männer und Frauen seiner Generation sah und ausrief:

»Liebet eure Feinde. Segnet, die euch fluchen. Betet für die, so euch beleidigen und verfolgen.«

Ich bin überzeugt, dass wir durch solche Nicht-Angepasstheit in der Lage sein werden, aus der öden und trostlosen Mitternacht menschlicher Unmenschlichkeit zum hellen und glänzenden Tagesanbruch der Freiheit und Gerechtigkeit zu gelangen. Das wird der Tag sein, an dem es allen Kindern Gottes – Schwarzen und Weißen, Juden und Nichtjuden, Katholiken und Protestanten – möglich sein wird, sich an den Händen zu fassen und mit den Worten eines alten Negrospirituals zu singen: »Endlich frei! Endlich frei! Dank sei Gott, dem Allmächtigen, wir sind endlich frei!«[13]

Martin Luther King

Schluss der Ansprache, die Martin Luther King am 3. April 1968, am Abend vor seiner Ermordung, im Rahmen des Müllarbeiterstreiks in der Mason Temple Church in Memphis hielt:

Ich verließ Atlanta heute früh, wir waren eine Gruppe von sechs, und als der Flug begann, sagte der Pilot über den Lautsprecher: »Entschuldigen Sie bitte die Verspätung, aber wir haben Dr. Martin Luther King an Bord. Um sicherzugehen, dass alles Gepäck kontrolliert und alles an Bord in Ordnung war, mussten wir alles sorgfältig prüfen. Das Flugzeug wurde die ganze Nacht bewacht.« Und dann landete ich in Memphis. Und einige sprachen von den Drohungen, die im Umlauf waren, und von dem, was mir von einigen unserer kranken weißen Brüder widerfahren könnte.

Nun, ich weiß nicht, was jetzt geschehen wird. Schwierige Tage liegen vor uns. Aber das macht mir jetzt wirklich nichts aus. Denn ich bin auf dem Gipfel des Berges gewesen. Ich mache mir keine Sorgen. Wie jeder andere würde ich gern lange leben. Langlebigkeit hat ihren Wert. Aber darum bin ich jetzt nicht besorgt. Ich möchte nur Gottes Willen tun. Er hat mir erlaubt, auf den Berg zu steigen. Und ich habe hinübergesehen. Ich habe das Gelobte Land gesehen. Vielleicht gelange ich nicht dorthin mit euch. Aber ihr sollt heute Abend wissen, dass wir, als ein Volk, in das Gelobte Land gelangen werden. Und deshalb bin ich glücklich heute Abend. Ich mache mir keine Sorgen wegen irgendetwas. Ich fürchte niemanden. Meine Augen haben die Herrlichkeit des kommenden Herrn gesehen.[14]

Martin Luther King wurde am 4. April 1968 ermordet. Er selbst hatte das vorausgesehen. In seiner letzten Rede verknüpft er ein biblisches Motiv mit seinem eigenen Leben und stellt fest: »Ich bin auf dem Gipfel des Berges gewesen.«

Alle Zuhörer kannten sicherlich die Geschichte des Mose, der nach einer langen Wüstenwanderung das Gelobte Land sehr wohl noch sehen, aber nicht betreten darf.

Martin Luther King macht klar, dass sie alle miteinander eine lange Wegstrecke gegangen sind. Und er blickt dankbar zurück. »Ich bin auf dem Gipfel des Berges gewesen.« Das biblische Motiv wird lebendig für die Gemeinschaft, es entfaltet neue Kraft in der politischen Situation, der Prediger verknüpft es mit den Lebenserfahrungen hier und heute. Gleichzeitig wird sein tiefer Glaube sichtbar. Er hat keine Angst. Trotz aller Zumutungen und Bedrohungen ist er ein glücklicher Mensch.

Mich begeistert die Rede auch deshalb, weil es Martin Luther King gelingt, seine Zuhörer mit in die Erfahrung der Gemeinschaft hineinzunehmen. Gleichzeitig wirkt nichts abstoßend pathetisch, wie bei manchen, die später versuchten, seinen Stil zu kopieren. Die Zurückgenommenheit drückt Echtheit aus. Das ist rhetorische Brillanz. Was die Sprachbegabung betrifft, stehen King und sein großer deutscher Namensgeber aus dem 16. Jahrhundert gewiss auf einer Stufe.

»Ich bin auf dem Gipfel des Berges gewesen und habe das Gelobte Land gesehen.«

Eine Vision von einem Amerika, das sich verabschiedet hat von Rassismus, Gewalt und Krieg.

Diese Vision ist bis heute nicht wahr geworden. Und doch ist Martin Luther King ein Mann, der bis in unsere Tage Pazifistinnen und Pazifisten, die Antikriegsbewegung, Christinnen und Christen inspiriert.

Zugleich ist mir wichtig: Er war kein Heiliger! Immer wieder hatte er offenbar außereheliche Affären. Seine Witwe tat alles, um dieses Thema unter den Tisch zu kehren, seine Kinder tun dies bis heute. Ein von Oliver Stone geplantes Filmprojekt scheiterte daran. Die Familie wacht über das Erbe. Im Film »Selma« durfte kein einziges Originalzitat von King verwendet werden.

Ich halte dies für einen Fehler. Denn es gibt keine makellosen Helden. Martin Luther, der Namensgeber Kings, hat theologisch sehr gut klargemacht, dass jeder Mensch »simul iustus et peccator« ist, also zugleich Gerechter und Sünder.

Martin Luther King ist nicht gescheitert, auch wenn die Vision, für die er gelebt hat, noch nicht erfüllt wurde. Er ist in die Geschichte eingegangen als ein Mann, der aus christlicher Überzeugung in seiner Zeit gegen Rassismus, für Gerechtigkeit und Frieden eingetreten ist. Als ein begabter Prediger und Redner, der Menschen begeistern konnte, sich zu engagieren. Ein Mann, der konsequent blieb in seiner pazifistischen Haltung und dies mit dem eigenen Leben bezahlte. Und als einer, der Schwächen hatte, aber dennoch im richtigen Augenblick immer wieder Stärke entfalten konnte und die Welt dadurch veränderte. Er hat kein konfliktfreies Paradies hinterlassen. Aber die Vision, dass wir anders leben könnten, die ist durch ihn zumindest in Ansätzen Wirklichkeit geworden. Und der Traum lebt fort.

Unser Glaube an Gott bestimmt, wie wir mit unseren zerbrochenen Träumen fertig werden. Echter Glaube gibt uns die Überzeugung, dass jenseits der Zeit der Geist Gottes, dass jenseits des zeitlichen Lebens das ewige Leben herrscht. So bedrückend die gegenwärtigen Umstände auch sein mögen, wir sind nicht allein. Gott ist auch in den engsten und trübsten Zellen des Lebens bei uns. Und selbst wenn wir in ihnen sterben, ohne das empfangen zu haben, was uns das irdische Leben verhieß, so wird er uns über die geheimnisvolle Straße des Todes in jene herrliche Stadt führen, die er uns bereitet hat. Seine Schöpfermacht verausgabte sich nicht im irdischen Leben, seine Liebe lässt sich nicht in die Mauern der Zeit und des Raumes fesseln. Wäre die Schöpfung nicht widersinnig, wenn der Tod eine Sackgasse wäre, die nicht weiterführt? Durch Christus hat Gott dem Tod den Stachel genommen und uns von dessen Herrschaft befreit. Unser irdisches Leben ist das Vorspiel zur Wiederauferstehung. Der Tod ist eine Straße, die in das ewige Leben führt.

Der christliche Glaube gibt uns die Kraft, tapfer zu tragen, was wir nicht ändern können. Enttäuschungen und Sorgen gelassen auf uns zu nehmen, ohne je die Hoffnung zu verlieren. Wir wissen wie Paulus, dass im Tod oder im Leben, in Spanien oder in Rom, »denen, die Gott lieben, alle Dinge zum Besten dienen, denen, die nach dem Vorsatz berufen sind«.[15]

Hin und wieder, so vermute ich, denken wir alle realistisch nach über jenen Tag, an dem wir das Opfer werden jenes letzten gemeinsamen Nenners des Lebens – jenes Etwas, das wir Tod nennen. Wir alle denken darüber nach. Und hin und wieder denke auch ich an meinen Tod, und ich denke an meine Beerdigung. Ich denke daran nicht in einer krankhaften Weise. Hin und wieder frage ich mich selbst: »Was sollte – wenn es nach mir geht – dann gesagt werden?« …

Ich möchte, dass jemand an jenem Tag sagt: »Martin Luther King jr., versuchte mit seinem Leben anderen zu dienen.« Ich möchte, dass jemand an jenem Tag sagt: »Martin Luther King versuchte, Liebe zu üben.« Ich möchte, dass ihr an jenem Tag sagt, dass ich versuchte, in der Kriegsfrage auf der richtigen Seite zu stehen. Ich möchte, dass ihr an jenem Tag sagen könnt, ich versuchte, die Hungrigen zu speisen. Und ich möchte, dass ihr an jenem Tag sagen könnt, ich versuchte in meinem Leben, die Nackten zu kleiden. Ich möchte, dass ihr an jenem Tag sagt, ich versuchte in meinem Leben, die im Gefängnis zu besuchen. Ich möchte, dass ihr sagt, ich versuchte, die Menschheit zu lieben und ihr zu dienen. …

Ja, Jesus, ich möchte an deiner rechten oder linken Seite sein, nicht aus selbstsüchtigen Motiven. Ich möchte an deiner rechten oder linken Seite sein, nicht wegen eines politischen Königreiches oder aus Ehrgeiz. Nein, ich möchte dort einfach sein in Liebe und Gerechtigkeit, in Wahrheit und in der Verpflichtung gegenüber den anderen, damit wir aus dieser alten Welt eine neue Welt schaffen können.[16]

Schluss einer Predigt über den Bibeltext Markus 10,35–45, die Martin Luther King zwei Monate vor seinem Tod in der Ebenezer Baptist Church in Atlanta hielt.

Was wir von
Martin Luther King
lernen können

Für mich ist wichtig, dass Martin Luther King kein Politprofi war. Und sicherlich hat er auch keine Karriere geplant. Er war zur richtigen Zeit am richtigen Ort mit den richtigen Gaben und hat Verantwortung übernommen. Dabei war er getragen vom christlichen Glauben. Der hat ihm die Kraft gegeben, gegen alle Widerstände und allen Pragmatismus die Welt verändern zu wollen.

Als Christinnen und Christen sehen wir die Welt als Gottes Schöpfung, in der wir Haushalterinnen und Haushalter sind, die Verantwortung zu übernehmen haben. Das kann jeder.

Der Reformator Martin Luther war überzeugt, dass jeder Mensch eine Gabe und damit eine Begabung hat. Deshalb hat auch jeder Mensch eine Berufung und einen Beruf. Das kann für ihn die Magd, die den Besen schwingt, ebenso sein wie der Fürst, der das Land regiert. Die Welt verändern, ganz anders leben – daran können alle sich beteiligen. Manche werden nur kleine Schritte gehen können, aber manchmal führen – wie bei Rosa Parks – kleine Schritte unerwartet zu einer riesigen Bewegung und werden so zu Symbolen einer großen Vision.

Martin Luther King hat gezeigt, wie die alten biblischen Texte in jeder Zeit und Gesellschaft große Kraft entfalten können. Das ist ermutigend und faszinierend zugleich. Gerade weil diese Texte uns über alle nationalen und kulturellen Grenzen hinweg verbinden, kann das in einer Welt, in der Nationalismus und Abgrenzung aus der Mottenkiste der Geschichte geholt werden, zeigen, wie Gemeinsamkeit entsteht. Wir stehen gemeinsam ein für dieselbe Hoffnung auf Gerechtigkeit und Frieden, von der die Propheten sprechen.

Vorbild ist mir Martin Luther King darin, dass er kein makelloser Held war, Ängste kannte und auch heftiger Kritik ausgesetzt war. Trotzdem hat er sich nicht von seinen Zielen abbringen lassen.

King hat sich nicht dazu verführen lassen, Gewalt als Mittel zur Lösung von Konflikten zu befürworten. Vielmehr hat er deutlich gemacht: Pazifismus ist eben nicht passiv, sondern höchst aktiv in der Suche nach kreativen Formen des zivilen Widerstands. Und er hat auf die Kraft von Worten vertraut.

All das hat seine Gültigkeit nicht verloren in einer Welt, in der Rassismus und Unrecht weiter gären, in der Kriege geführt werden, Menschen mit Reichtum und Besitz sich über andere erheben, Profitgier selbst vor Rüstungsexporten in Konfliktgebiete keinen Halt macht. An Martin Luther King zu erinnern bedeutet nicht, nostalgisch zurückzublicken, sondern sich in die Pflicht nehmen zu lassen, als Christinnen und Christen in dieser Welt Verantwortung zu leben. Leitfaden dafür bleibt auch heute die Bergpredigt, in der Jesus sagt:

Selig sind die Sanftmütigen; denn sie werden das Erdreich besitzen.

Selig sind, die da hungert und dürstet nach der Gerechtigkeit; denn sie sollen satt werden.

Selig sind, die Frieden stiften; denn sie werden Gottes Kinder heißen. (Mt 5,5.6.9)

Ihr seid das Salz der Erde. ... Ihr seid das Licht der Welt. (Mt. 5,13.14)

Liebt eure Feinde und bittet für die, die euch verfolgen, auf dass ihr Kinder seid eures Vaters im Himmel. (Mt 5,44f.)

Das bleibt Auftrag und Leitfaden, heute wie vor 2000 Jahren.

Der Reformator Martin Luther und der Bürgerrechtler Martin Luther King stehen beide für eine große Vision: Ganz anders könnten wir leben.

Zeittafel

15. Januar 1929: Martin Luther King jr. wird als zweites Kind von Alberta King und Reverend Martin Luther (Michael) King sen. in Atlanta, Georgia, geboren.

1944: Martin Luther King jr. besteht, nachdem er wegen exzellenter Leistungen zwei Schulklassen überspringen konnte, bereits als Fünfzehnjähriger die Aufnahmeprüfung für das Morehouse College in Atlanta und beginnt mit dem Studium.

25. Februar 1948: King wird zum Baptistenpfarrer ordiniert.

Juni 1948: Abschlussexamen in Soziologie am Morehouse College. Beginn des Theologiestudiums am Crozer Seminary in Chester, Pennsylvania.

1951: Martin Luther King jr. schließt sein Theologiestudium als Jahrgangsbester ab.

18. Juni 1953: Hochzeit mit Coretta Scott

September 1954: Das Paar zieht nach Montgomery, Alabama, wo King Pfarrer der Dexter Avenue Baptist Church wird.

Frühling 1955: King vollendet seine Promotion und erhält den Doktortitel der Universität Boston.

17. November 1955: Geburt der Tochter Yolanda Denise.

5. Dezember 1955: Beginn des »Bus-Boykotts« in Montgomery durch die schwarze Bevölkerung. Gründung der Montgomery Improvement Association (MIA), die Martin Luther King zum Präsidenten wählt.

30. Januar 1956: Das Haus der Familie in Montgomery wird durch einen Bombenanschlag fast völlig zerstört.

13. November 1956: Der Oberste Gerichtshof der USA erklärt die Rassentrennung in Montgomerys öffentlichem Verkehrssystem für verfassungswidrig.

27. Januar 1957: Erneutes Bombenattentat auf Kings Wohnhaus.

23. Oktober 1957: Geburt des Sohnes Martin Luther King III.

20. September 1958: King wird in Harlem niedergestochen und schwer verletzt.

Januar 1960: Die Familie zieht zurück nach Atlanta, King übernimmt die zweite Pfarrstelle in der Gemeinde seines Vaters.

Oktober 1960: Während eines Sitzstreiks wird King verhaftet und zu vier Monaten schwerer

Zwangsarbeit verurteilt. Nach drei Tagen wird er auf Intervention von Senator John F. Kennedy gegen Kaution aus der Haft entlassen.

30. Januar 1961: Geburt des Sohnes Dexter Scott.

28. März 1963: Geburt der Tochter Bernice Albertine.

28. August 1963: »Marsch auf Washington« zur Durchsetzung der Bürgerrechte mit über 250 000 Teilnehmern – die bis dahin größte Bürgerdemonstration der Geschichte. Martin Luther King hält seine berühmte Rede »I have a dream«.

22. November 1963: Präsident Kennedy wird in Dallas, Texas, ermordet.

2. Juli 1964: Präsident Lyndon B. Johnson unterzeichnet im Beisein von Martin Luther King den Civil Rights Act von 1964, durch den die Rassentrennung in allen Bereichen des öffentlichen Lebens der USA verboten wird.

September 1964: Auf Einladung des Regierenden Bürgermeisters von Berlin, Willy Brandt, besucht Martin Luther King Westberlin.

10. Dezember 1964: King erhält in Oslo als bislang jüngster Preisträger den Friedensnobelpreis.

28. März 1968: Bei einem Protestmarsch zur Unterstützung der Streikenden in Memphis kommt es zu blutigen Auseinandersetzungen mit der Polizei. Dabei wird ein Schwarzer getötet, und über 50 Menschen werden verletzt. King verlässt die Stadt.

3. April 1968: King kehrt in der Hoffnung nach Memphis zurück, dass ein erneut geplanter Protestmarsch unter seiner Führung friedlich verläuft. Abends hält er seine letzte Rede »I've been to the Mountaintop«.

4. April 1968: Martin Luther King jr. wird auf dem Balkon eines Motels in Memphis erschossen.

8. April 1968: Coretta Scott King führt anstelle ihres Mannes einen Protestmarsch durch Memphis an. Wenig später werden die Forderungen der Streikenden erfüllt.

9. April 1968: Rund 100 000 Menschen nehmen an Kings Beerdigung in Atlanta teil, über 120 Millionen verfolgen die Beisetzung im Fernsehen.

8. Juni 1968: Der Attentäter, James Earl Ray, wird verhaftet. Er gesteht die Tat und wird in einem Schnellverfahren zu 99 Jahren Haft verurteilt. Drei Tage später widerruft er sein Geständnis und beteuert bis zu seinem Tod im Jahr 1998 immer wieder seine Unschuld.

Martin Luther King mit seiner Frau Coretta und seinen vier Kindern:
Dexter Scott, Yolanda Denise, Bernice Albertine und Martin Luther III

Quellenhinweise

1 Hans-Eckehard Bahr/Heinrich W. Grosse (Hrsg.): *Martin Luther King. Ich habe einen Traum.* Benzinger Verlag, Zürich/Düsseldorf 1999; S. 121, Übers. Norbert Lechleitner
   Reprinted by arrangement with The Heirs to the Estate of Martin Luther King Jr., c/o Writers House as agent for the proprietor New York, NY. Copyright: © 1963 Dr. Martin Luther King, Jr. © renewed 1991 Coretta Scott King
   Abdruck des deutschen Textes mit freundlicher Genehmigung des Übersetzers

2 Martin Luther King jr.: *Kraft zum Lieben,* Christliche Verlagsanstalt Konstanz, Konstanzer Taschenbuch Nr. 50, S. 135,
   Amerikanische Originalausgabe *Strength to Love,* Harper & Row, New York, Übers. Hans-Georg Noack
   Reprinted by arrangement with The Heirs to the Estate of Martin Luther King Jr., c/o Writers House as agent for the proprietor New York, NY. Copyright: © 1963 Dr. Martin Luther King, Jr. © renewed 1991 Coretta Scott King

3 Hans-Eckehard Bahr/Heinrich W. Grosse (Hrsg.): *Martin Luther King. Ich habe einen Traum.* Benzinger Verlag, Zürich/Düsseldorf 1999; S. 91 f., Übers. Heinrich W. Grosse
   Reprinted by arrangement with The Heirs to the Estate of Martin Luther King Jr., c/o Writers House as agent for the proprietor New York, NY. Copyright: © 1963 Dr. Martin Luther King, Jr. © renewed 1991 Coretta Scott King
   Abdruck des deutschen Textes mit freundlicher Genehmigung des Übersetzers

4 Martin Luther King: Freiheit. *Aufbruch der Neger Nordamerikas, Busstreik in Montgomery;* J.G. Oncken Verlag Kassel, 1964, 3. Auflage, 1964; S. 131 ff. © 1984 SCM Verlagsgruppe GmbH, Witten

5 Martin Luther King jr.: *Kraft zum Lieben,* Christliche Verlagsanstalt Konstanz, Konstanzer Taschenbuch Nr. 50, S. 215,
   Amerikanische Originalausgabe *Strength to Love,* Harper & Row, New York, Übers. Hans-Georg Noack

Reprinted by arrangement with The Heirs to the Estate of Martin Luther King Jr., c/o Writers House as agent for the proprietor New York, NY. Copyright: © 1964 Dr. Martin Luther King, Jr. © renewed 1991 Coretta Scott King

6   Hans-Eckehard Bahr/Heinrich W. Grosse (Hrsg.): *Martin Luther King. Ich habe einen Traum.* Benzinger Verlag, Zürich/Düsseldorf 1999; S. 102 ff., Übers. Anna Bahr und Hans-Jürgen Benedict
Reprinted by arrangement with The Heirs to the Estate of Martin Luther King Jr., c/o Writers House as agent for the proprietor New York, NY. Copyright: © 1967 Dr. Martin Luther King, Jr. © renewed 1995 Coretta Scott King
Abdruck des deutschen Textes mit freundlicher Genehmigung der Übersetzer

7   Martin Luther King jr.: *Kraft zum Lieben,* Christliche Verlagsanstalt Konstanz, Konstanzer Taschenbuch Nr. 50, S. 80 f.,
Amerikanische Originalausgabe *Strength to Love,* Harper & Row, New York, Übers. Hans-Georg Noack
Reprinted by arrangement with The Heirs to the Estate of Martin Luther King Jr., c/o Writers House as agent for the proprietor New York, NY. Copyright: © 1963 Dr. Martin Luther King, Jr. © renewed 1991 Coretta Scott King

8   Ebd. S. 61.

9   Vgl. Simon Wendt: »Martin Luther Kings Philosophie der Gewaltfreiheit«, in: Michael Haspel/Britta Waldschmidt-Nelson (Hrsg.) *Martin Luther King. Leben, Werk und Vermächtnis,* Weimar 2008; S. 35ff.; S. 42 f.

10 Martin Luther King: *Aufruf zum zivilen Ungehorsam,* Düsseldorf, Wien 1993, S. 43.

11 Martin Luther King: *Freiheit. Aufbruch der Neger Nordamerikas, Busstreik in Montgomery;* J.G. Oncken Verlag Kassel, 1964, 3. Auflage, 1964, S. 78 ff., © 1984 SCM Verlagsgruppe GmbH, Witten

12 Hans-Eckehard Bahr/Heinrich W. Grosse (Hrsg.): *Martin Luther King. Ich habe einen Traum.* Benzinger Verlag, Zürich/Düsseldorf 1999; S. 34, Übers. Hans-Georg Noack
Reprinted by arrangement with The Heirs to the Estate of Martin Luther King Jr., c/o Writers House as agent for the proprietor New

York, NY. Copyright: © 1963 Dr. Martin Luther King, Jr. © renewed 1991 Coretta Scott King

13 Hans-Eckehard Bahr/Heinrich W. Grosse (Hrsg.): *Martin Luther King. Ich habe einen Traum.* Benzinger Verlag, Zürich/Düsseldorf 1999; S. 122 f., Übers. Heinrich W. Grosse
Reprinted by arrangement with The Heirs to the Estate of Martin Luther King Jr., c/o Writers House as agent for the proprietor New York, NY. Copyright: © 1963 Dr. Martin Luther King, Jr. © renewed 1991 Coretta Scott King
Abdruck des deutschen Textes mit freundlicher Genehmigung des Übersetzers

14 Ebd., S. 120
Reprinted by arrangement with The Heirs to the Estate of Martin Luther King Jr., c/o Writers House as agent for the proprietor New York, NY. Copyright: © 1968 Dr. Martin Luther King, Jr. © renewed 1996 Coretta Scott King Abdruck des deutschen Textes mit freundlicher Genehmigung des Übersetzers

15 Martin Luther King jr.: *Kraft zum Lieben,* Christliche Verlagsanstalt Konstanz, Konstanzer Taschenbuch Nr. 50, S. 138 f.,
Amerikanische Originalausgabe *Strength to Love,* Harper & Row, New York, Übers. Hans-Georg Noack
Reprinted by arrangement with The Heirs to the Estate of Martin Luther King Jr., c/o Writers House as agent for the proprietor New York, NY. Copyright: © 1963 Dr. Martin Luther King, Jr. © renewed 1991 Coretta Scott King

16 Hans-Eckehard Bahr/Heinrich W. Grosse (Hrsg.): *Martin Luther King. Ich habe einen Traum.* Benzinger Verlag, Zürich/Düsseldorf 1999; S. 118 f., Übers. Heinrich W. Grosse
Reprinted by arrangement with The Heirs to the Estate of Martin Luther King Jr., c/o Writers House as agent for the proprietor New York, NY. Copyright: © 1968 Dr. Martin Luther King, Jr. © renewed 1996 Coretta Scott King
Abdruck des deutschen Textes mit freundlicher Genehmigung des Übersetzers

Originalausgabe Februar 2018
© 2018 bene! Verlag
Ein Imprint der Verlagsgruppe
Droemer Knaur GmbH & Co. KG, München.

Lektorat und Gestaltung: Stefan Wiesner
Coverabbildungen: Martin Luther King: © AFP Contributor / Gettyi-
mages; Margot Käßmann: © Julia Baumgart / action press für Bauer
Stars&Stories!
Covergestaltung: Stefan Wiesner
Abbildungen: Getty Images / Flip Schulke Archives /
Kontributor, picture alliance / AP Photo
Satz: Adobe InDesign im Verlag
Druck und Bindung: CPI books GmbH, Leck
ISBN 978-3-96340-002-5
2 4 5 3 1